Ein Weiser schätzt kein Spiel,
wo nur der Zufall regiert.

(G. E. Lessing)

Wetten dass auch Sie gewinnen

Ideen, Anregungen und Diskussion
zu Fußballwetten

Achtung!

Der Autor übernimmt keinerlei Haftung oder Garantien für die erfolgreiche Anwendung der Techniken und Anregungen die in diesem Buch besprochen werden. Sportwetten beinhalten <u>immer ein Risiko</u>, welches auch dem größten Außenseite Siegeschancen ermöglichen. <u>Dies kann zu Totalverlust Ihres Geldeinsatzes führen</u>.

Herstellung und Verlag: Books on Demand GmbH, Norderstedt

Bibliografische Information der Deutschen Nationalbibliothek
Die Deutsche Nationalbibliothek verzeichnet diese Publikation in der Deutschen Nationalbibliografie; detaillierte bibliografische Daten sind im Internet über http://dnb.d-nb.de abrufbar.
ISBN: 9783837018738
Buchumschlag: HRS STADER CH-1400 Yverdon

Inhaltsverzeichnis

Allgemein, aber doch interessant

Das Glück kann man nicht zwingen,
aber man kann es wenigstens einladen.
(Attila Hörbiger)

Sportwetten werden auch bei uns, im deutschsprachigem Raum, immer populärer. Die Staaten der EU ändern Schritt für Schritt die Gesetzeslage zugunsten privater Wettanbieter. So ist es wahrlich kein Wunder, dass die Umsätze der Wettbüros inzwischen Milliardenhöhe erreichen. Der Lottoschein von früher, gehört demgegenüber beinahe der Vergangenheit an und wird mehr und mehr vom Wettmarkt verdrängt.
Was bedeutet dies für die Menschen? Sie finden offensichtlich immer mehr Spaß daran, einem Sportereignis, mittels einer Wette noch mehr Spannung zu verleihen.

Besonders durch das Internet und durch moderne Kommunikation, erlangte der Wettbetrieb einen unglaublichen Aufschwung und ist mit ein Grund, warum die Aktien der Marktleader im Börsengeschäft unerahnte Höhen erklommen haben. Anders als so mancher kleiner Sportwetter haben die Investoren (Aktionäre) schon jetzt große Gewinne eingefahren.

Dies wird über kurz oder lang auch Konsequenzen auf den Sport selber haben. Ich bin mir inzwischen sicher, dass es nicht mehr lange dauern wird und die Bundesligaübertragungsrechte werden nicht mehr einzig an TV-Stationen, sondern auch an Wettbüros verkauft und jeder Wettkunde kann seine Spiele, »Live« übers Internet verfolgen. Schon jetzt gibt es erste Ansätze in diese Richtung, die allerdings sowohl vom Angebot, als auch von der Bildqualität, „noch" zu wünschen übrig lassen.

Aber wer sind eigentlich die neuen Kunden der Wettbüros? Nun, man kann davon ausgehen, dass es weit mehr als die klassischen Glücksspieler sind, die sich früher in den Casinos tummelten. Meist sind es Sportbegeisterte wie Fußballfans, die irgendwann durch »fantastische Quoten« oder durch Lockangebote als Kunden gewonnen werden.
Nicht weniger oft ist es ein Freund, der von seinem tollen Gewinn erzählt. Er hat 1:0 auf seine Lieblingsmannschaft gesetzt und prompt das Achtfache seines Einsatzes gewonnen. Aus 10 Euro wurden 80! Das ist beeindruckend und fast jeder, der so eine kleine Erfolgsgeschichte hört denkt zumindest kurz darüber nach es auch mal zu probieren. Schließlich kennt man sich ja auch gut im Sport aus! Und schon beginnt die Karriere eines neuen Wettfans.

Man kann im wesentliche 3 Typen von Sportwettern unterscheiden:

1. An erster Stelle steht der »*Passionswetter*«, der aus Leidenschaft zum eigenen Verein, eben auf diesen wettet. Er wettet auf Spiele die er im Stadion besucht, oder auf Spiele die er im TV verfolgt. Er ist ein harmloser Spieler, der hin und wieder auch erfolgreich sein kann. Gewinne zu machen, steht für diese Typen aber nicht im Vordergrund. Diese Leute sehen in Sportwetten vielmehr eine Unterhaltung. Wetthandlungen kommen meist spontan, werden unsystematisch angesetzt und sind häufig durch die Leidenschaft zu einer bestimmten Mannschaft gekennzeichnet. Eine Wette gegen den eigenen Verein kommt selten vor, käme dies doch einem Verrat gleich.
   Entscheidungen werden auf emotionaler Ebene getroffen. Einsätze, Gewinne aber auch Verluste halten sich aufgrund der Geringfügigkeit der Einsätze in Grenzen.

2. Den zweiten Typen bezeichne ich mal als »*Strategiewetter*«. Meist hat er seine kurze Karriere als Passionswetter hinter sich gelassen. Diese Leute entwickeln schnell einen unglaublichen Ehrgeiz und suchen in der Regel ihre Chance durch ihr Expertenwissen.
   Häufig stellen sich auch erste Erfolge ein, die zum weitermachen motivieren. Sie entwickeln

erste Strategien mit denen sie mehr oder minder erfolgreich sind.

Entscheidungen werden aufgrund von eigenen Beobachtungen und Erfahrungen getroffen. Gesetzt wird auf den Eigenen, aber auch auf andere in- und ausländische Vereine. Häufig werden mehrere Wetten auf einmal platziert. Diese Typen investieren im Laufe der Zeit immer höhere Beträge, sie sind massiv gefährdet Geld zu verlieren. Menschen dieses Typs sind auch hinsichtlich einer Spielsucht massiv gefährdet.

3. Die Personen der letzten Gruppe bezeichne ich mal als die »*Investitionswetter*«. Sie agieren schon sehr professionell und sehen Geldeinsätze bei Sportwetten mehr als Investition und nicht allein als Unterhaltung. Sie analysieren den Markt, oft schon akribisch genau. Ihre Entscheidungen basieren auf mathematisch-statistischen Berechnungen und systematischer Beobachtung. Verluste und Gewinne aus Einzelwetten werden nur noch als Teil einer übergeordneten Strategie gesehen. Sie bewegen sich mit ihren Geldeinsätzen nicht nur bei einem Anbieter, haben also mehrere Konten und konzentrieren sich stark auf Wettbörsen wie »Betfair«.

Dieses Buch wendet sich grundsätzlich an alle Typen von Sportwettern, die mehr zu diesem Thema

wissen wollen. Vor allem profitieren aber die „Strategiewetter", die schon komplexere Ansätze verfolgen. Also, die Gruppe von Personen, die schon ziemlich regelmäßig Geld einsetzen.
Diese Leute haben oft ein großes Wissen aus und über den Sport. Allerdings beschäftigen sie sich fast nie mit dem mathematischen Hintergrund und den Berechungen zu Wetten. Das eigene (Experten-) Wissen aus der Welt des Sports, wird dabei oft zu einseitig überschätzt.

Angestachelt durch erste Wettgewinne, dauert es meist nicht lange bis eine erste Strategie ausgeheckt ist. Die wird dann auch von der Realität auch gleich mal bestraft, oder auch belohnt.
Aber, was ist eigentlich eine Strategie? Wie viele Wörter in unserer Sprache, kommt der Begriff aus dem griechischen. In seiner ursprünglichen Bedeutung verstand man darunter die »Heeresführung«. Im heutigen Sprachgebrauch wird das Wort allerdings anders verwendet und man meint damit:

»Ein längerfristig ausgerichtetes, planvolles Verhalten um eigene Vorteile (Gewinne) zu erlangen«.

Es geht also darum einen Plan zu entwickeln, der dann über einen Zeitraum umgesetzt wird. Meist erstreckt sich der Zeitraum über mehrere Wochen, Monate, vielleicht sogar über Jahre hinaus.

Eines ist fast sicher! So gut wie alle Fußballwetter beginnen irgendwann einmal zu grübeln, zu rechnen und entwickeln ihre ganz individuelle Strategie. Meist beruht diese Strategie auf persönlichen, subjektiven Erfahrungen und alltäglichen Beobachtungen. Gelegentlich wird man auch durch Dritte zu einer Strategie inspiriert.

Erst kürzlich konnte ich jemandem zuhören, wie er seine Strategie einigen Anwesenden erklärte. Dieser Mann nannte sich Walter und er meinte folgendes:

»Ich sag's euch, es gibt viel mehr Unentschieden (bezieht sich natürlich auf Fußball) *als man glaubt. Die Quoten sind echt hoch. Ich wette inzwischen nur noch auf Unentschieden und gewinne auch«.*

Was glauben Sie, hat unser Freund recht mit seiner Behauptung? Die bittere Wahrheit zu diesem Statement ist:

1. Entweder der Mann hatte bisher viel Glück bei der Auswahl seiner Wetten,
2. Er hat nicht wirklich einen Überblick über Gewinn und Verlust. Er irrt sich diesbezüglich.
3. Oder er lügt!

In einem Punkt hat Walter aber tatsächlich recht. Die Quoten auf Unentschieden (Tipp x) sind verglichen mit Siegwetten (klassischer Tip 1 oder 2), relativ hoch. Doch wie hoch ist eigentlich die Gewinnaussicht?

Jeder der wettet, muss sich über einen Punkt im klaren sein. Er wettet gegen eine statistische Wahrscheinlichkeit. Eine Quote drückt immer aus, wie wahrscheinlich es ist, dass ein Ereignis eintritt. Unser guter Mann von vorher, ist wahrscheinlich Opfer seiner persönlichen Wahrnehmung. Er begeht den Standardfehler, den die meisten Wetter machen, er kennt die tatsächliche Wahrscheinlichkeit dieses Ereignisses nicht. Tatsächlich ist nämlich »*nur*« *ca. jedes 3,8* [1] *Spiel ein Unentschieden.* Wenn ich mir demgegenüber die tatsächliche Quote für Unentschieden bei meinem Wettanbieter anschaue, so liegt diese bei einer spontan genommenen Stichprobe, ungefähr bei 3.35.

Uhpps, fällt Ihnen etwas auf? Richtig, eine Differenz zugunsten des Buchmachers von 0.45! Diese kann natürlich je nach Wettanbieter unterschiedlich hoch sein.

Was bedeutet dies in Euro? Setzen wir den Fall, unser Freund Walter hätte insgesamt 100 Spiele, zu je 10 €uro, auf Unentschieden gesetzt.

---

[1] Bezieht sich auf eine Stichprobe aus der Saison 2006/7 der deutschen Bundesliga.

Einsatz   1000,-   Euro
Gewinn   881.57   Euro
Verlust   118.43   Euro

Fast 12% seines Wetteinsatzes hätten in diesem Fall den Besitzer gewechselt. Zur Entschuldigung unseres Freundes muss man allerdings eingestehen: Bei 100 Wetten verliert man dann schon mal den Überblick und kurzfristig kann durchaus ein Gewinn entstehen. Aber langfristig gesehen verliert man. Dies ist eine bittere Erkenntnis, die viele Sportwetter nicht akzeptieren wollen. An dieser Stelle fällt mir das etwas zynische Statement eines Freundes ein, als ich wieder einmal Geld für Wetten und Lotto ausgegeben hatte:

»Hast wieder Deppensteuer bezahlt«.

Ich hoffe Sie sind jetzt nicht enttäuscht, dass ich Sie, werter Leser, so knallhart mit der Wirklichkeit konfrontiere. Meiner Meinung nach, soll oder muss man sich diese Tatsache vor Augen führen, bevor man ernsthaft über Wettstrategien nachdenkt.

<u>Was bedeutet dies für die nächsten Kapitel?</u>

1. Wenn man mit Sportwetten ernsthaft gewinnen will, muss man sich vergegenwärtigen, dass man gegen den mächtigen Feind, die statistische Wahrscheinlichkeit antritt.

2. Jede erfolgreiche Strategie muss die Verlustwahrscheinlichkeit egalisieren, die in die Quoten der Anbieter eingerechnet ist.

3. Jede gute Strategie enthält ein logisches Argument warum ich gewinnen werde.

Vorne weg, kann man eines sagen: Es ist alles andere als einfach im Wettdschungel zu bestehen. *Man sollte auch nie dem Irrtum erliegen und glauben, auf der anderen Seite (Wettbüros,...) sitzen Idioten* und man könne hier den schnellen Euro machen.

Oft sind es die einfachsten Dinge die über Verlust und Gewinn entscheiden. Auch ich habe inzwischen so meine leidvollen Erfahrungen gemacht und so manchen Euro verplempert.
Inzwischen habe ich für mich einige einfache Grundregeln aufgestellt. Diese fünf Grundregeln sind zwar noch keine richtige Strategie, aber sie helfen jedem begeisterten Sportwetter als Grundgerüst und sind als einfache Verhaltensregeln zu verstehen.

5 Grundregeln

1. **Nie allein aus Leidenschaft auf einen Verein setzen.**

    Auch ich habe meinen Lieblingsverein. Hier steckt viel Emotionalität im Spiel und es fällt mir schwer objektiv zu bleiben. Selbst bei einem offensichtlich stärkeren Gegner, triumphiert leider sehr oft der Wunsch, die eigene Mannschaft siegen zu sehen. Bei Gericht würde man von Befangenheit sprechen.

2. **Meide Freundschaftsspiele und Begegnungen deren Ergebnisse bedeutungslos sind**

    Leider habe ich es zu oft erlebt, dass bei Freundschaftsspielen das unwahrscheinliche Ergebnis zustande kam. Da verliert Brasilien gegen einen »schwachen Außenseiter« und andere Kuriositäten mehr. Dies liegt unter anderem daran, dass viele Topmannschaften ihre Stars bei Freundschaftsspielen schonen und mit der 2. Garnitur antreten. Ich persönlich bin auch fest davon überzeugt, dass die Motivation (wenn auch unbewusst) nicht die Selbe ist, wie bei einem Liga- oder Qualifikationsmatch.

Ähnlich verhält es sich auch bei Spielen deren Ausgang keine Bedeutung mehr haben. Dies kann eintreten, wenn die Meisterschaft schon einige Runden vor Saisonende entschieden ist. Genauso wie in Gruppenbewerben (Champions League), wenn das Weiterkommen schon sicher.

3. **Möglichst keine Kombiwetten**
    (Ausnahme als Teil einer Strategie)
    Sicher ein Punkt, den einige Menschen nicht mit mir teilen werden.
    »Erhöhen Sie Ihre Gewinne - mit Kombiwetten«, genau so werben Wettanbieter für Kombiwetten! Das klingt so, als würden sich die Gewinnchancen erhöhen. Tatsächlich werden lediglich die Quoten multipliziert. Dies kann ich gegebenenfalls selber auch tun, indem ich Einsatz+Gewinn noch mal platziere. Mir ist es lieber Einzelereignisse zu belassen, denn mit der Quote erhöht sich auch das Verlustrisiko.

4. **Wette nicht auf Mannschaften und in Märkten die du nicht kennst.**
    Bei Wetten geht es immer um Wissen und Information. Irgendwann lockt dann einfach ein Spiel das gerade irgendwo auf dieser Welt beginnt, während man gerade online ist. Aber ganz ehrlich was wissen wir schon über

eine Liga aus China? Ehrlich gesagt ist es fast fahrlässig auf ein Spiel in China oder im Irak zu wetten. Ich will ja nicht gleich von Spielmanipulation sprechen. Aber wir wissen nicht was dort läuft und Erfahrungen aus unseren Ligen (Wahrscheinlichkeit) lassen sich nicht einfach auf andere Ligen übertragen. Es gibt schon in den europäischen Ligen, zum Teil erhebliche Unterschiede.

5. Setze nie zuviel Geld auf eine Wette
Wer zuviel, oder sogar alles auf einmal setzt, wird nur kurz Spaß an Sportwetten haben. Alles oder Nichts – endet allzu oft bei Nichts!
Näheres zu diesem Thema, siehe unter dem Kapitel »Richtiger Einsatz der Geldmittel«.

Kleiner Exkurs - Spielsucht

„Mein Problem ist, dass ich immer sehr selbstkritisch bin, auch mir selbst gegenüber" (Andreas Möller)

An dieser Stelle möchte ich noch kurz auf einen Punkt eingehen, der in Zusammenhang mit Sportwetten nicht zu unterschätzen ist. Viele Menschen übersehen den Zeitpunkt, an dem aus einer Wettleidenschaft ein Leiden wird. Das Hobby wird zur sozialen und finanziellen Belastung. Ich denke, jeder sollte sich immer wieder mal Gedanken darüber machen, wo er in diesem Kontext steht.

Was sind Merkmale von Spielsucht?

- Du hast ein starkes Bedürfnis zu Spielen und bist gereizt, wenn du nicht dazukommst.
- Du spielst länger als du eigentlich willst, verspielst mehr Geld als geplant.
- Du vernachlässigst zunehmend Familie und Freunde oder andere Hobbys.
- Du spielst weiter, obwohl du bereits Schulden hast.

Sollten zwei oder mehr Punkte auf Sie zutreffen, dann sollten Sie dieses Buch besser zur Seite legen und sich professionell Hilfe holen.

Mein Tipp: Ihr Hausarzt ist sicher eine gute erste Adresse, an den Sie sich vertrauensvoll werden sollten.

Praxisgetestete Ausstattung für Internetwetter

Inzwischen gibt es viele Möglichkeiten Wetten abzuschließen. Man kann ins Wettbüro um die Ecke gehen oder am PC Wetten platzieren. Seit das Internet in die Haushalte eingezogen ist, werden die Homepages der Anbieter immer beliebter.
Um Live-Wetten platzieren zu können, ist es so gut wie unmöglich, auf einen schnellen Internetanschluss (Breitbandanschluss wie ADSL,...) zu verzichten. Inzwischen gibt es tolle Hardware zu erschwinglichen Preisen.

Meine Hardware Empfehlung:

- **Zeitgemäßer PC**
- **Windows** XP/Vista oder Linux und Mac mit Mozilla Firefox oder MS-Internet Explorer

- **22 Zoll Widescreen Bildschirm**. Die sind inzwischen nicht mehr unerschwinglich teuer (ab 250,- €) und man kann herrlich 2 Homepageseiten nebeneinander darstellen
- **Schneller Breitband-Internetanschluss**

Eines sollte klar sein, Ihr Computer sollte einen einwandfreien Einsatz gewährleisten und kein Risiko darstellen. Zeitverzögerungen oder Absturz können vor allem bei Live-Wetten fatale Konsequenzen mit sich bringen. Auch ich habe schon Geld verloren, weil plötzlich der Server (vermutlich der des Wettanbieters) nicht mehr erreichbar war. In so einem Fall die Verantwortlichen zu finden ist schwierig und das Geld unwiederbringlich verloren. Achten Sie darauf, dass Ihr Rechner funktioniert und zuverlässig arbeitet.

Wettstrategien

Prognosen sind schwierig,
insbesondere wenn sie die Zukunft betreffen.
(George Bernard Shaw)

So, jetzt ist es höchste Zeit sich den Strategien zuzuwenden. Eines vorweg! Man sollte nie zu viele unterschiedliche Strategien gleichzeitig fahren und chaotisch herumwetten. Vielmehr empfiehlt es sich, eine oder zwei Strategien zu finden, die zu einem passen. Die Strategien die Sie in diesem Buch finden können Ihnen sicher dabei helfen, sollten aber primär als Anregungen verstanden werden. Holen Sie sich aus diesem Buch Ideen und probieren Sie auch eigene Kombinationen aus. Der Kreativität sind da keine Grenzen gesetzt. Je kreativer und individueller Ihre Strategie ist, desto wahrscheinlicher wird Ihr Erfolg.

Diesbezüglich sollte man auch bedenken, dass die meisten Strategien in der Umsetzung Arbeit bedeuten. Da muss man sich immer wieder einmal hinsetzen und Daten vergleichen, Statistiken analysieren und bei Live-Wetten mitunter auch Stunden vor dem PC verbringen.

Deshalb gilt: Die eigene Strategie soll auf jeden Fall Spaß machen. Sie sollte ein Hobby sein, welches man gerne macht und darf keinesfalls Belastung werden. Dies gilt auch in finanzieller Hinsicht!

Spannende Spiele und aufregende Fußballabende, kann ich Ihnen schon jetzt versprechen. Sie werden möglicherweise mit Mannschaften mitzittern, deren Namen Sie jetzt noch nicht einmal kennen.

Es ist schon einige mal das Wort Statistik gefallen. Lassen sie sich nicht abschrecken. Viele Wettanbieter haben inzwischen eine Rubrik mit »Statistiken« wo man schon eine beträchtliche Zahl von Daten finden kann. Eine andere Quelle, die auch ich immer wieder gerne nütze, ist die Homepage vom Fußballmagazin Kicker(-Online).

»http://www.kicker.de/«.

Klicken Sie dort auf die Karte der entsprechende Liga aus der Sie Informationen brauchen. Dann klicken Sie auf »Spieltage/Tabelle«. Hier findet man jede Menge Infos, die hilfreich für ihre Datenanalyse sein können.
Mit einiger Übung bietet das Internet heute ein riesiges Datenpool und auch Sie werden schnell fündig werden, wenn Sie nur danach suchen.

Aber eines ist auch sicher: *Je komplexer und ausgefallener eine Strategie ist, desto schwieriger wird es, geeignete fertig aufbereitete Daten zu finden.*

Die absoluten Spezialisten legen sich dann ohnedies eine eigene Datenbank (Excel-Datei) an, oder kaufen sich vielleicht sogar eine spezielle Software, die automatisiert, die notwendigen Daten einspielt. Gerne hätte ich hier auch einige Zeilen zur einschlägiger Software geschrieben. Leider habe ich keinen seriösen Test von einer unabhängigen Agentur wie der Stiftung Warentest gefunden, weshalb ich dieses Thema offen lassen muss und keine Empfehlung abgeben will.

Noch einige Worte zu den Kennzahlen, die ich hier immer wieder verwende. Es macht immer wieder Sinn, bei den vorgestellten Strategien, Kennzahlen heranziehen. Diese Kennzahlen dienen weniger tatsächlichen Berechnungen für Sportwetten, sondern sollen helfen, dass Sie werter Leser ein besseres Gefühl für Wahrscheinlichkeiten und Quoten entwickeln. In der Regel beziehe ich mich mit meinen Kennzahlen deshalb auch nicht auf konkrete Ereignisse, sondern nehme gerne Jahres- oder Saisonkennzahlen.
Ich weise schon jetzt darauf hin, dass die hier verwendeten Kennzahlen für Wetten nur eingeschränkt geeignet sind, da sie ihre Aktualität längst einbüsst haben.
Bei der Berechnung der eigenen Wetten sollten sie konkrete und aktuelle Daten heranziehen. Einige neue Spieler in der Mannschaft und die Handschrift eines neuen Trainers, kann den Wert eines Daten-

pools schnell relativieren. Auch von professionellen Quotenfixern (oder Programmen) wird dies so gehandhabt.

Richtiger Einsatz der Geldmittel

„Ich habe viel von meinem Geld für Alkohol,
Weiber und schnelle Autos ausgegeben.
Den Rest habe ich einfach verprasst."
(George Best nordirischer Fußballspieler)

Genauso wichtig wie die Frage nach der richtigen Strategie, ist die Frage: »Wie viel Geld setze ich auf eine Wette«? Manche Menschen handeln intuitiv sehr vernünftig. Andere verzocken ihr Spielkapital mit einer einzigen Wettplatzierung. Natürlich darf jeder entsprechend seiner Risikobereitschaft agieren, aber es lohnt sich auch hier überlegt vorzugehen.

Eine mögliche Variante ist es, Sie halten sich an folgende Strategie, die in der ursprünglichen Form dem Mathematiker J.L. Kelly zugeschrieben wird (Hab die Quelle allerdings nicht wirklich überprüft). Die Kelly-Strategie wurde eigentlich für den Einsatz am Aktienmarkt entwickelt, um Einsatz und Ertrag zu optimieren. Für mich gibt es zwischen Wett- und Aktienmarkt allerdings schon feine Unterschiede, weshalb ich die Formel für meine Anwendung geringfügig modifiziert habe. Dafür gab es drei wesentliche Gründe.

1. Fußballwetten sind anders als der klassische Aktienhandel sehr kurzfristige Ereignisse. Zur Zeit Kellys gab es für den Aktienmarkt kein Internetbanking mit Sekundenhandel.

2. Fußballwetten funktionieren nach dem »Alles oder Nichts Prinzip«. Man gewinnt oder verliert den kompletten Einsatz. Einmal platziert kann man anders als an der Börse das Investitionsvolumen nicht mehr aufstocken oder reduzieren.

3. Ich arbeite immer wieder mit Strategien bei denen viele (10-30) Wetten an einem Wochenende platziert werden.

Für mein Gefühl ist der Geldeinsatz nach Kelly bei Fußballwetten zu hoch. Mir ist es wichtig, meine Liquidität höher zu halten, als es nach der Kellyformel gegeben wäre. Aus diesem Grund habe ich die Formel mit dem Faktor 0,5 multipliziert.

Originalformel:

$$\text{X Prozent vom Eigenkapital} = \frac{\text{Relative Überlegenheit}}{\text{Nettoquote}}$$

Modifizierte Formel:

$$X \text{ Prozent vom Eigenkapital} = \frac{\frac{\text{Relative Überlegenheit}}{\text{Nettoquote}}}{2}$$

Der Einsatz von Kapital kann nach folgendem Berechnungsbeispiel geschehen. Man benötigt diese Kennzahlen:

Budget = Ihr verfügbares Kapital

Relative Überlegenheit = Der Vorteil (in %) den Ihre Wette gegenüber dem Angebot hat. Kann man gelegentlich errechnen, vielleicht auch schätzen.

Netto Quote = entspricht Wettquote minus 1.

 **Anwendungsbeispiel**

Ich will eine Wette mit dem Halbzeitergebnis von 1:0 wetten. Die Quote des Anbieters liegt bei 2.65. Die von mir berechnete Quote für die Partie

Greuther Fürth – Rot Weiss Essen

liegt bei 2.14. Die Differenz zwischen den beiden Quoten beträgt 0.51. Diese Differenz beträgt umgerechnet 19,9 Prozent.

Mein Budget beträgt   = 150 Euro
(mein aktuell verfügbares Wettkapital)
Die Rel. Überlegenheit   = 19.9%
(Ich berechne immer meine eigenen Quoten – die vergleiche ich dann und er-
halte im positiven Fall eine rel. Überlegenheit)
Netto Quote   = 1.65
(Entspricht 2.6 beim Wettanbieter)

19.9% : 1,65 = 12% : 2 = 6% vom Kapital = 9,- €

Wir nehmen also 6% unseres Kapitals für diese Wette. Dies entspricht 9,30 € Wetteinsatz.

Was spricht für die Kelly-Technik? Nach dieser Me-
thode, hängen die Geldeinsätze von der Erfolgswahrscheinlichkeit und der aktuellen Kapitalgröße
ab. Also eine sehr dynamische Technik, die im
Grunde mit jeder Wette neu berechnet werden müss-
te.

Wie gehe ich damit in der Praxis um? Ich selber halte mich grob an diese Regel, rechne aber nicht jede
Wette exakt aus. Dies erscheint mir deshalb legitim,
da ich häufig auf Wetten setze, die sich in den Eck-
daten nur geringfügig unterscheiden. Tendenziell
setze ich sogar etwas weniger. Dies liegt daran, da
sich die relative Überlegenheit nicht immer exakt
definieren lässt. Ich schaue allerdings schon auf die
Erfolgswahrscheinlichkeit (relative Überlegenheit)

und versuche die Einsätze der Wetten etwas anzu-
passen.
Wie auch immer, die Logik die in dieser Formel
steckt sagt mir, dass ich zumindest einen oder zwei
dunkelschwarze Tag überleben werde.

Wetten mit Analyse vor Spielanpfiff

„Kein Mensch nimmt guten Rat an,
aber jeder nimmt gern Geld;
also ist Geld besser als guter Rat".
(Jonathan Swift, Schriftsteller)

»Mehr als 2,5 Tore« Strategie

Es handelt sich um eine sehr spannende Strategie, da in der deutschen Bundesliga pro Spiel durchschnittlich etwa 2,5 Tore geschossen werden. Nach meiner Statistik für die deutsche Bundesliga, liegen wir in der Saison 2006/7 aktuell bei 51%[2] zugunsten mehr als 2,5 Tore. Dies würde einer Quote von 1.96 entsprechen. Wie gehen wir also vor?

Ziel ist es, unsere Gewinnchance durch eine systematische Analyse im Vorfeld zu erhöhen. Dies erfordert allerdings etwas Zeit, Erfahrung und Grundkenntnisse der Statistik.
Wir suchen uns einen kleinen Vorteil und erhöhen unsere Gewinnchance, indem wir uns die erfolgversprechendsten Partien herauspicken. Wenn wir uns die Daten ansehen, so finden wir schnell Mannschaften die durch besondere Torgefährlichkeit auffallen

---

[2] In der Saison 2005/6 lag sie übrigens bei genau 50% : 50%

und Mannschaften die genau das Gegenteil davon sind. Die ideale Mannschaft macht viele Tore und bekommt auch viele geschossen. Achen, Leverkusen und Berlin führen zur Zeit die Hitparade an und liegen zusammen auf einer Quote von knapp unter 1,5. Das heißt bei jedem 1,5ten Spiel fallen mehr als 2,5 Tore.

Wir suchen im Analyseschritt, aus den 9 Bundesligaspielen, die interessantesten Partien heraus. Dazu brauchen wir folgende Kennzahlen, die wir unter »Statistik« auf der Homepage mehrerer Wettanbieter finden können:

1. Durchschnittliche Toranzahl der Heimmannschaft bei Heimspielen

2. Durchschnittliche Toranzahl Auswärtsmannschaft bei Auswärtsspielen

3. Durchschnittliche Toranzahl aus den letzten direkten Aufeinandertreffen

Für die weitere Entscheidung gibt es mehrere Varianten. Zum Beispiel kann man immer die 4 besten Partien nehmen. Oder man definiert Bedingungen die für eine Wette erfüllt sein müssen.

Anwendungsbeispiel

Ich habe mich bei dieser Beispielwette für die deutsche Bundesliga entschieden. Insgesamt wählte ich nach meiner Analyse drei Partien aus. Wie kam ich auf diese Mannschaften? Ich habe mir aufgrund meiner Daten für jede der 9 Partien eine eigene Quote errechnet.

Was war mein Entscheidungskriterium? Jede der ausgewählten Partien sollte unter der Durchschnittsquote von 1.97 liegen. Sie muss also attraktiver als der durchschnittliche Markt sein. Eigentlich entsprachen in dieser Runde nur 2 Spiele, weshalb ich die Partie Wolfsburg-Dortmund (knapp über 2.0) als drittbeste Partie auch noch dazu nahm.

<u>Diese 3 Partien platzierte ich</u>

1. Hertha Berlin – Werder Bremen
   Quote 1.55; (2. Quote 1.73)
   Ergebnis: 1:4 (0:1)

2. Eintracht Frankfurt – Alemannia Aachen
   Quote 1.68; (2. Quote 1.8)
   Ergebnis: 4:0 (2:0)

3. Vfl Wolfsburg – B. Dortmund
   Quote 1.95; (2. Quote12.04)
   Ergebnis: 0:2 (0:1)

Mein Geldeinsatz lag bei jeweils 10,- € pro Partie. Ich habe übrigens oben (in Klammer) jeweils 2 Quoten von 2 unterschiedlichen Anbietern genommen. Die Unterschiede zwischen den Wettanbietern sind nicht unerheblich. Es lohnt sich durchaus Vergleiche anzustellen.

Einsatz................30,-
Einnahmen..........35.3
Gewinn..... ....5.3 (17%)

Ich habe mich absichtlich für diese Wette als Beispiel entschieden. Warum? Nun, ich hatte das Spiel Wolfsburg-Dortmund dazu genommen, obwohl es eigentlich (wenn auch nur knapp) nicht meinen Anforderungen entsprach. Wäre ich meinen eigenen Regeln konsequent gefolgt, dann hätten eben nur 2 Partien den Kriterien entsprochen. Ich hätte statt 17%, immerhin fast 76% Gewinn machen können.

Die Doppel-0:0-Wettstrategie

„Wenn du den Wert des Geldes kennenlernen willst,
versuche, dir welches zu leihen."
(Benjamin Franklin)

Die Idee zu dieser Strategie entstand aus zwei Beobachtungen.

1. Viele Partien gehen mit dem Halbzeitstand von 0:0 in die Pause. Bei genauerer Betrachtung zeigte sich übrigens, dass (zumindest in der Saison 2006/7) in der 2. Bundesliga noch häufiger zu Null gespielt wird, als in der 1. Liga. Insgesamt endet ungefähr jedes dritte Spiel mit dem Pausenstand von 0:0. Was (für die Saison 2006/7) einer durchschnittlichen Quote von 2.8 für die 2. Liga entsprach. Achtung, die Durchschnittswerte der Ligen unterscheiden sich oft erheblich und sind nicht immer vergleichbar.

2. In diesem Zusammenhang zeigte sich noch ein weiteres interessantes Phänomen. Spiele mit 0:0 Halbzeitstand enden auch oft mit 0:0. Ich habe für die Saison 2006/7 eine Berechnung angestellt, und man höre und staune! Nach dieser Berechnung endete ungefähr jedes dritte Spiel welches zur Pause 0:0 stand, mit dem Endstand von 0:0. Dies würde einer Quote von 3.0 entsprechen.

Unsere Chance liegt nun darin, die Partien herauszufiltern, die wahrscheinlich mit 0:0 enden werden.
Dazu bräuchte es eigentlich nur einen Analyseschritt
der natürlich nach Belieben verfeinert werden kann.

Analyseschritte:

1. Ich durchkäme die Ergebnislisten nach
   Mannschaften, die in den letzten 10 – 30
   Runden am häufigsten einen Pausenstand
   von 0:0 hatten (aktuell sind das etwa die
   Mannschaften Braunschweig, Koblenz,
   Paderborn, Essen, Rostock,..).

2. Dann suche ich mir aufgrund dieser Liste die
   Partien heraus, die am wahrscheinlichsten
   mit 0:0 enden werden.

3. Diese Wette gestaltet sich so:
   - Ich setze auf 0:0 Halbzeitstand
     (meist Quoten um 2.5 bis 3.0).
   - Dann setze ich noch bei allen Partien auf
     das Endergebnis von 0:0.

 **Anwendungsbeispiel**

In meinem Fallbeispiel habe ich mich in der Saison
06/07 in der 31. Runde für 4 Partien aus der 2. Bun-

desliga entschieden. Meist sind es nicht mehr als 3-5 Partien auf die gesetzt werden kann. Insgesamt setzte ich je 2 Euro - entspricht einer Gesamtsumme von 16 €uro. Konkret hab ich mich für folgende Partien entschieden.

Braunschweig – Burghausen 3:1 (1:0)
Paderborn - Erzgebirge Aue 1:0 (0:0)
Koblenz – 1860 München 2:1 (1:1)
Essen – Rostock 0:0 (0:0)

In diesem System habe ich 3 Wetten gewonnen.

2 x Halbzeitwette (Quote 2.60)...........10,40 €
1 x Endergebnis (Quote 8.5)...............17,00 €
- Einsatz ....16,00 €
Gewinn ....**11,40 €**(71%)

Besonders mutige können Halbzeit und Endergebnis auch noch als Kombiwette platzieren. Mehr Risiko bringt dann auch höhere Gewinne. In unserem Beispiel der 31 Runde hätte man statt 11,40 immerhin schon 28,20 Euros gewonnen.

Sportwetten Arbitrage - Surebet Picking

„Fußball ist Ding, Dang, Dong. Es gibt nicht nur Ding"
(Giovanni Trappatoni)

Die Strategie hinter einer Arbitrage ist, von unterschiedlichen Quoten der Buchmacher zu profitieren. Können wir diese Unterschiede für uns nützen entstehen sogenannte Surebets - der Traumfall bei Sportwetten, da man nicht verlieren kann. Für mich sind Leute die gezielt nach Surebets suchen die »Trüffelschweinchen« unter den Sportwettern. Sie müssen eine ausgezeichnete Nase haben, vielleicht braucht man auch etwas Instinkt dazu. Auf alle Fälle muss man einiges an Erfahrung mitbringen und gut informiert sein.

Wie kann man mit Surebets arbeiten? Ich persönlich kenne zwei Wege, wie man systematisch im Sinne einer Strategie vorgehen kann.

1. Bei der klassischen Form handelt es sich um _Quotenabweichungen unter den Buchmachern_, die der aufmerksame Wetter ausnützt, um daraus eine Surebet zu entwickeln. Man muss für diese Strategie allerdings, mehrere Konten bei unterschiedlichen Anbietern haben.

2. Die zweite Möglichkeit hat sich über die Wettbörsen entwickelt. Hier kann man früh-

zeitig _Quoten_ annehmen und darauf »_spekulieren_«, dass sich die Kurse bis zu Spielbeginn zu meinen Gunsten verändern. Manchmal, wie in meinem angeführten Beispiel, ergibt sich so eine Entwicklung von selber. Quoten bei Wettbörsen bleiben nur selten konstant. Vor allem wenn viel Geld im Markt ist. Der Trend geht dann häufig zugunsten der Backseite.

Will man diese Form des Surebet Picking als Strategie betreiben und mit Quoten spekulieren, dann braucht man außer Erfahrung auch noch ein großes Budget. Diesen Geldbetrag sollten man auf mehreren Konten bei unterschiedlichen Anbietern deponiert haben (vermutlich 5-10 Konten), wenn man nicht nur einige wenige Cent Gewinn mitnehmen will.

Wie auch immer, es ist nicht einfach Surebets zu finden, zudem es auch schon Programme gibt die gezielt und automatisiert nach Quotenunterschieden suchen. Sobald man eines entdeckt hat, schließt man die notwendigen Wetten ab. In der Regel ist es eine Kombination aus »Wette + Gegenwette« auf ein und das selbe Spiel.

ABER ACHTUNG! So manche „Surebet" hat sich schon als Denk- oder Rechenfehler herausgestellt.

Beispiel zur klassischen Form

Ein Wettbüro bietet bei einem Fußballspiel die Quote von 2.02 auf die Mannschaft ALBHA. Ein anderer Wettanbieter sieht minimale Vorteile beim Team BETA und bietet 2.04. Sie setzen bei jedem der beiden Wettanbieter die gleiche Summe.
Gewinnt nur ALBHA, gewinnen sie 2% des Einsatzes. Gewinnt BETA erhalten Sie sogar 4% Gewinn.

Im Wettalltag sind Surebets meist nicht so klar erkennbar und erfordern schon einiges an Erfahrung.

Beispiel Quotenänderung
mit weniger als 1.5 Tore

Der englische Wettmarkt ist für Quotenänderungen sehr interessant, weil meist viel Geld in den Märkten ist. In einem Playoff-Spiel um den Aufstieg in die oberste englische Liga, kam es zu der Partie.

Partie: West Brom : Wolves

mit folgender Quotensituation ungefähr 5 Stunden vor Spielbeginn. Der Quotendurchschnitt der 2. engl. Liga lag übrigens knapp höher als in der obersten Liga bei ungefähr 3.57.

Weniger als 1.5 Tore

Back	Lay
3.55	3.65
€509	€143

Der Markt hatte sich also ziemlich genau an der Durchschnittsquote eingependelt, was sicher kein Zufall war. Aber was geschah dann? Eine Stunde später stieg die Quote deutlich an und verschob sich auf die Backseite.

Weniger als 1.5 Tore

Back	Lay
4.3	4.6
€147	€417

Rechenbeispiel für Gewinnmitnahme:

10,-   Lay-Einsatz (Quote 3.55)
25,50 = möglicher Lay-Verlust
 7,75 Back-Gegenwette (sichert die 25.50€)
02,14 Euro Gewinnmitnahme

Manchmal passieren solche Entwicklungen und dann kann man wie in meinem Beispiel entscheiden, ob man die Wette „spielen" lässt oder den etwas kleineren, aber sicheren Gewinn sofort mitnimmt.

Systematisches Wetten mit niedrigen Quoten

Die Idee hinter dieser Vorgehensweise ist, möglichst wenige Wetten zu verlieren. Man trifft die Entscheidungen aufgrund seiner Erfahrungen und seinem aktuellen Wissen aus der Welt des Sports. Dabei kann man mit Kombiwetten die Quoten multiplizieren. Vermeiden Sie auch hier möglichst Freundschaftsspiele oder Partien, bei denen der Ausgang kaum mehr Bedeutung hat. Diese sind schwerer vorhersagbar und werden vor allem von den Favoriten, auf die man ja setzen will, häufig nicht „mehr" ernst genommen. Erkennt man daran, dass der oder die Topspieler geschont werden.

Vergessen Sie nicht „Doppelte Chance" oder andere Wettvarianten mit geringen Quoten.

Für mich persönlich ist diese Technik eigentlich keine Strategie da letztlich Vater Zufall regiert. Dies gilt solange man keine geeigneten Entscheidungskriterien für die Auswahl der Partien festlegt oder andere plausible Argumente für die Wetten bestehen.

Wie auch immer, diese Technik wird immer wieder beschrieben, deshalb erwähne auch ich sie kurz.

Einfaches Martingale oder Verdoppelungsstrategie

"Ein Drittel? Nee, ich will mindestens ein Viertel."
(Horst Szymaniak)

Als Martingale bezeichnet man eine Strategie, bei der man den Einsatz im Verlustfall erhöht bzw. verdoppelt. Deshalb wird sie auch Verdoppelungsstrategie genannt. Sie ist eine alte Strategie, die sehr einfach funktioniert und schon bei Roulette und anderen Glücksspielen ausprobiert wurde. Vielleicht ist genau die Einfachheit der Grund, weshalb sie immer wieder erwähnt und benützt wird.

Die klassische Form der Martingale ist das „Doublieren" oder „Verdoppeln". Einfach beschrieben läuft das so:
Man setzt einen Betrag. Verliert man, dann verdoppelt man den Betrag, solange bis man gewinnt. Scheinbar ein todsicheres System. Natürlich nur solange, bis eine Negativserie kommt, mein Budget

gesprengt ist und/oder das Einsatzlimit erreicht wurde. Genau da hinkt das System!!!

 Anwendungsbeispiel

Ich suche mir einige Topmannschaften (Bayern,
Bremen, Mailand, Liverpool,...) und wette nur bei
Auswärtsspielen auf Sieg, um höhere Quoten zu er-
halten.

Ich persönlich spiele dieses Verdoppelungssystem
nicht und ich schätze diese Strategie auch nicht sehr.
Warum? Der Grund ist mit einem einfachen Rechenbeispiel schnell erklärt. Setz den Fall, ich setze
auf einen sogenannten Winner und der schlittert in
eine Krise. In jeder Saison gibt es zumindest eine
Topmannschaft die, aus welchen Gründen auch immer, einen Durchhänger hat. Die Konsequenzen sind
schnell an einem Rechenbeispiel (Annahme Quote
von 2.0) erklärt. Ich fange mit einem Grundeinsatz
von 10 € an.

1 Runde 10,-

2 Runde 20,-
3 Runde 40,-,
4 Runde 80,-
5 Runde 160,-
usw.

Jeder kann nun selber einschätzen wie lange man so eine Serie durchsteht. Gegebenenfalls sollten Sie sich auch nach dem Limit (Höchsteinsatz) Ihres Buchmachers erkundigen!!!

Wettkombinationen mit System

Für alle die gerne Wetten, gibt es natürlich auch noch die Möglichkeit mehrere Wetten zu einem logischen Konstrukt zu gestalten.

 Anwendungsbeispiel

Ich habe mich für das Spiel Newcastle – Chelsea (Saison 2007/8) entschieden. Dabei kombiniere ich drei Wetten und bediene mich dem Dutching Calculator für die Berechnung (den Sie unter www. oddschecker.com im Internet finden). Aufgrund der Quoten errechnet der Dutching Calculator auf den Cent genau, wie Sie Ihre Geldmittel auf die Wetten verteilen müssen und sagt Ihnen auch gleich wie hoch Ihr Gewinn/Verlust bei den bestehenden Quoten ausfallen wird.

Meine 3 Wetten:
a) 0:0 Endergebnis mit der Quote von 12.5
b) 0:1 Endergebnis mit der Quote 6.8
c) mehr als 1,5 Tore mit Quote 1.36

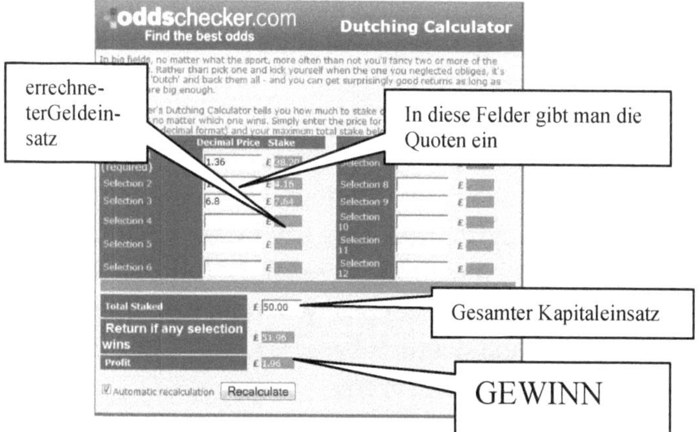

Abb.: Dutching Calculator von oddschecker.com

Die angeführte Kombination zielt darauf ab möglichst viele Ereignisse abzudecken. Man verliert lediglich, wenn der Außenseiter Newcastle 1:0 gewinnen sollte. Die 3er Kombination sollte natürlich auch attraktiver als die Laywette auf 1:0 sein, die letztlich das selbe Konstrukt darstellt (ist übrigens nach meiner Erfahrung kaum ein Markt bei Außenseiterwetten).

Die Gewinne bei diesen Kombinationen sind nicht wirklich sehr berauschend, es sei denn man sucht sich Spiele mit guten Quoten. In unserem Beispiel lohnt sich der Einsatz bei einem Gewinn von 1.59 bei 50 Euro Einsatz kaum. Es gibt allerdings Spiele, wo man deutlich besser davon kommt und Gewinn um die 10% schafft. Allerdings gelingt es selten gute Quoten für diese Kombis zu finden, weshalb ich diese Strategie kaum verfolge.

Ich habe in unserem Beispiel eine andere Variante gewählt. Ich habe die 3 Wetten während der ersten Halbzeit (ca. 20ste Min.) als Livewetten platziert. Dies geht, wenn man mehrere Bildschirmfenster aufmacht und flink rechnet. Während das Spiel lief bekam ich dann deutlich bessere Quoten und eine Rendite von ca. 10 Prozent.

Livewetten- oder Zeitfensterstrategien

Mittels »Live-« oder »Inplay-Wetten« haben sich am Wettmarkt neue Möglichkeiten aufgetan. So kann man vor einem Spiel auf den Sieg einer Mannschaft wetten und noch während eines Spieles, etwa nach einem Tor, mit einer veränderten Quote auf „Nicht-Sieg" dieser Mannschaft. So kann man aus einer Wette wieder aussteigen und das Risiko auf ein Zeitfenster reduzieren. Eine Sache mit garantiertem Nervenkitzel.

Meist prognostiziert man den relativ kurzen Ausschnitt eines Spieles von ungefähr 5-15 Minuten. Hier kann der Sportfachmann sein Wissen über aktuelle Ereignisse und über Taktik erfolgreich einsetzen. Aber auch nicht vorhersehbare Situationen, die sich aus dem Spielverlauf ergeben, können durchaus interessante Wettmöglichkeiten bieten.

Kein Tor in den ersten 10 (15) Minuten

Diese Wette wird meist vor dem Spiel gewettet, kann aber auch bei einigen Anbietern als Live-Wette platziert werden. Hier gilt es, sich wieder die Situation anzusehen. Mannschaften die nicht verlieren wollen oder dürfen spielen anders als offensive Heimmannschaften die gleich mal zu Beginn eines Spiels voll los marschieren. Durchschnittlich fallen in der deutschen Bundesliga nur bei jedem 4,45tem[3] Spiel ein Tor in den ersten 10 Minuten. Wenn man zwei Mannschaften gut kennt und die strategische Handschrift des Trainers einschätzen kann. Dann

---

[3] Stichprobe Bundesliga 180 Spiele 2006-2007

lohnt es sich schon, ein Auge auf diese Wette zu setzen.

Keine Veränderung mehr vor der Halbzeit.

Diese Strategie geht davon aus, dass die beiden
Mannschaften kurz vor der Halbzeit kein Tor mehr
kassieren wollen und mit weniger Risiko agieren.
Beide Mannschaften tendieren dazu, die Ist-
Situation in die Halbzeit zu "retten". Diese Strategie
empfiehlt sich zum Beispiel, wenn es einen Gleich-
stand hat oder ein klarer Favorit knapp in Führung
liegt.
Einige Zahlen zu dieser Strategie: In der Deutschen
Bundesliga fallen in der ersten Spielhälfte durchschnittlich nur 1.15 Tore. Demgegenüber fallen in
der zweiten Hälfte im Schnitt 1,5 Tore. Dies bedeutet, das ungefähr bei jedem neunten Spiel ein Tor in
den letzten 5 Minuten fallen dürfte. Sofern man davon ausgeht, dass Torereignisse über die 45 Minuten
gleich verteilt sind.

Im ersten Schritt beobachten Sie die Quoten. Diese
verändern sich nicht gleichmäßig, sondern »sprin-
gen« in ungleichmäßigen Zeitabständen. Unmittel-
bar nach einer Bewegung kann man meist noch etwas warten und somit das eigene Risiko minimieren.
Am besten, Sie beobachten selber solche Entwick-

lungen, man bekommt schnell ein Gefühl für die Quotenbewegungen.

Die Gewinnaussichten sind nicht zu unterschätzen. Natürlich sind keine riesigen Quoten zu machen, aber für wenigen Minuten erzielt man durchaus akzeptable Sümmchen. Steigen Sie zum ausprobieren zuerst mit kleineren Beträgen ein. Gewinnmitnahmen von 1.25 sind durchaus machbar.

1 Tor Vorsprung kurz vor der Halbzeit

Diese Strategie geht davon aus, dass die beiden Mannschaften kurz vor der Halbzeit kein Tor mehr kassieren wollen. Beide Mannschaften tendieren dazu, die Ist-Situation in die Halbzeit zu "retten".

Im ersten Schritt sehen Sie Sich mal die Quoten auf der Wettbörse an und man wettet bei einem Stand von 0:1 oder 1:0 auf weniger als auf "weniger als 2.5 Tore". Man wettet also auf die Annahme, dass kein weiteres Tor mehr fällt.

Sie steigen um die 38. - 40. Minute ein und schätzen die Quote ab. Diese ist oftmals noch unverhältnismäßig hoch.

 Anwendungsbeispiel

Bei einem Spiel, Sturm Graz gegen Rapid Wien, lag die Quote noch bei 1.90 bei einem Spielstand von 1:0 in der 39. Spielminute. Nun hieß es abwarten und den Nervenkitzel »genießen«.

In den darauffolgenden Minuten sanken die Quoten, während sich die Mannschaften in dieser Phase, anders als bei Spielende, noch eher zurückhalten und nicht zur vollen Offensive übergehen. Dies gilt besonders für die Auswärtsmannschaften.
Um bei meinem Beispiel zu bleiben, dort sank die Quote von 1.9 auf 1.6. Nun kann man zwei Wege gehen:

1. Volles Risiko, die Nerven nicht verlieren und auf den Pausenpfiff warten.
2. Oder eine Surebet aufbauen, indem man die Gegenwette platziert! Man »layt« einen geringeren Einsatz auf "weniger als 2.5 Tore", d.h. man wettet dagegen, und sichert beide Spielausgänge

Mit den 2 Wetten "Mehr als 2.5 Tore" und "weniger als 2.5 Tore" haben wir einen sicheren Gewinn, eine Surebet, bei der bei jedem Spielausgang gewonnen wird.

Die Gewinnaussichten sind nicht zu unterschätzten und für die wenigen Risikominuten durchaus akzeptabel. Steigen Sie zuerst mit kleinen Beträgen ein bis zu 10% des Spielkapitals. Gewinnmitnahmen von 1.25 sind durchaus machbar.

Mit Gleichstand in die Nachspielzeit

Eine meiner Lieblingswetten die ich schon oft erfolgreich platziert habe. Sie zielt darauf ab, dass in den Schlussminuten, auch bei offenem Schlagabtausch kein Tor mehr fällt.

Worin liegt der Reiz dieser Wette? Nun, die Quoten auf Unentschieden bleiben anders als bei Siegwetten immer deutlich höher. Der Grund für diese höhere Quote liegt darin, dass Sie Ihren Einsatz verlieren, ganz gleich wer ein Tor schießt.

Wenn man aber gut aufpasst kann man sogar noch 1 Minute vor Nachspielzeitende eine Quote von 1.1, also 10 Prozent Gewinn mitnehmen.

 Anwendungsbeispiel

Beim Heimspiel von Newcastle United gegen Chelsea FC stand es in der 92 Minute 1:1 Unentschieden mit einer Quote von 1.10.
Als die positive Wettbestätigung (dies können oft nervige Sekunden sein) durch war, dauerte das Spiel noch ganze 15 Sekunden und dann hatte ich 10% des

Einsatzes Eingefahren. Dafür müssen Sie Ihr Geld bei guter Verzinsung ungefähr 3-4 Jahre bei der Bank lassen!

2 Tore Vorsprung 20 Minuten vor Spielende

In dieser Konstellation kann man darauf spekulieren, das die führende Mannschaft das Spiel defensiver ausrichtet und auf Konter spielt. Das Spiel wird kontrolliert und man lauert auf Fehler des Gegners. Als Konsequenz kommt es zu wenigen Torchancen und das Ergebnis hält. Wird ein Stürmer ausgewechselt und durch einen Defensivmann ersetzt, dann ist dies schon ein interessantes Zeichen. Um solche Informationen zu haben, ist es vorteilhaft, wenn man dem Spielverlauf durch eine Live-Übertragung folgen kann. Man kann die aktuelle Spielsituation mit Sicherheit ganz anders einschätzten, wenn man den Spielverlauf miterlebt hat.

Aber Achtung: Wenn die in Rückstand geratene Mannschaft, zur vollen Offensive bläst, dann sollte man besser die Finger vom »Abzug« nehmen. Es ist dann sehr viel wahrscheinlicher, dass noch ein Anschlusstreffer oder auf der anderen Seite ein Kontertor durch die führende Mannschaft geschossen wird. Bei Ausscheidungsspielen nach dem KO-System (wie im Cup) ist dies sehr häufig zu beobachten.

Dort wird die Mannschaft mit Rückstand auch noch einen dritten Stürmer aufs Feld schicken, um die geringe letzte Chance zu nützen. Wir alle kennen die Situationen, wo bei einem Tor Rückstand, sogar noch die zumeist grosgewachsenen Tormänner, mit nach vorne gehen um die letzte Torchance zu nützen

Ich wette bei Zweitorevorsprung gerne auf »weniger als 2,5 Tore«. Ich wette also auf ein bestehendes Ergebnis und spekuliere damit, dass keine Tore mehr fallen und das Ergebnis hält.

Lay-Wetten

„Wir müssen gewinnen, alles andere ist primär"
(Hans Krankl)

Seit es Wettbörsen gibt, sind mit Lay-Wetten für Privatpersonen ein völlig neuer Markt entstanden. Man kann nun in die Rolle des Buchmachers schlüpfen und selber Wetten anbieten und dafür die Quoten festlegen. Ein Modell, dass sich ähnlich wie Internetauktionshäuser zunehmender Beliebtheit erfreut. Wer nun glaubt, er kann dort ganz einfach im Stil eines großen Buchmachers Wettgewinne einfahren, wird allerdings schnell eines Besseren belehrt.

Fünf wichtige Punkte die Sie bedenken sollten, bevor sie sich auf Wettbörsen und Lay-Wetten einlassen:

1. Man sollte schon ein fundiertes *Wissen über das Wettgeschäft* und über die Quotenberechnung haben (sonst können Sie Ihr Geld auch auf der Strasse verschenken).
   Zwar kann man sich an anderen Anbietern orientieren. Dies ist aber noch lange kein Garant für Erfolg, da deren Geschäftsmodell nicht allein auf Einzelwetten ausgerichtet ist.

2. Der _Quotenmarkt ist in der Regel sehr dyna-
   misch!_ Man braucht _viel Zeit_ und man muss
   im Grunde ständig online sein um Kurs-
   schwankungen mitgehen zu können.

3. Genau wie bei den klassischen Wetten, bieten sich auch hier zahlreiche Möglichkeiten
   und Strategien wie man vorgehen kann. Allerdings muss ich aus meiner Erfahrung sagen, dass so manche »gute Strategie« _wegen
   geringem Marktint_eresse _nicht_ oder nur teil-
   weise _realisierbar_ war. Wie es das gibt?
   Während die klassischen Wettanbieter ihre
   Wetten immer annehmen und so eine kalku-
   lierbare Größe sind, kann es bei Wettbörsen
   passieren, dass sie eine Wette anbieten wollen, aber schlicht und einfach keine Interes-
   senten/Käufer finden! Oder, wenn man eine
   Strategie auf ausgefallene Wetten aufbaut,
   dann passiert es leider häufig, das dieser
   Wettmarkt nicht angeboten wird.

4. Häufig werden bei den Wettbörsen auch völlig _unrealistische Kurse_ gehandelt, die mit
   relativ wenig Geldeinsatz gezielt manipuliert
   werden.
   Die angebotenen überzogenen Kurse zielen
   nur auf die Unerfahrenheit der Teilnehmer.
   Allerdings kann man auch mal Glück haben

und durch den Fehler eines anderen Anbieters gewinnen.

5. Wenn man auf der Lay-Seite arbeitet, muss
man damit rechnen, auch mal höhere Quoten
abdecken zu können. Dazu muss man doch
schon *beträchtliche Summen auf seinem
Wettkonto* haben. Eine 10,- Euro Wette mit
mit Quote 5.0 schlägt sich gleich mit 40 Euro
zu Buche!

Lay als Live-Gegenwette

Mit Laywetten bietet sich uns eine tolle Möglichkeit
Verluste mit Gegenwetten abzufangen und Teilge-
winne zu sichern oder mitzunehmen.
Hier ein Beispiel: Beim Spiel (2007/8) Wolfsburg
gegen B. München setzte ich auf den Halbzeitstand
von 0 : 0 eine Backwette mit der Quote von 3.45.
Meine investierten 8 Euro versprachen die Gewinn-
ausschüttung von 19,60 Euro. Ich ließ das Spiel bis
zur 20 Minute laufen und platzierte dann eine Laywette in der Höhe von 11 Euro mit der Quote von
1.81. Gegenwert von 8,91 Euro. Von diesem Mo-
ment hatte ich (eine Surebet) gewonnen:

Bei 0:0 ein Gewinn von 10,69 Euro
Sobald ein Tor fällt   3,00 Euro

Im weiteren Spielverlauf wartete ich noch bis zur 35ten Minute und platzierte noch eine weitere Wette auf Lay in der Höhe von 6 Euro bei der Quote von 1.35. Da die Bayern auf ein Tor drängten, lag ein Treffer für mich in der Luft.
Mit dieser Laywette korrigierte ich die bereits vorhandene „Surebet" so, dass ich ganz gleich wie die Halbzeit ausging mit einem Gewinn von knapp über 8 Euro ausstieg. Die Halbzeit endete übrigens mit dem statistisch unwahrscheinlichen Ereignis von 0:0.

Lay mit »Weniger als 1,5 Tore«

Was sind die Kernannahmen und Kerndaten zu dieser Wette? Die Statistik sagt uns das in der deutschen Bundesliga durchschnittlich 23% aller Spiele[4] mit »weniger als 1.5 Toren« enden. Im Vergleichszeitraum, lag man übrigens in der obersten englischen Liga bei 29%! Demnach enden in England die Spiele häufiger mit höchstens einem geschossenen Tor. Währende in Deutschland ungefähr jedes 4. Spiel (Durchschnittsquote liegt bei 4.3) mit 0:0, 1:0, oder mit 0:1 endet, tritt dieses Ereignis in England eindeutig häufiger ein. Übrigens ein Effekt, der sich über mehrere Saisonen verfolgen lässt.

---

[4] bezieht sich auf die Saison 2006/7 in der 33 Runde

Erfolgskontrolle

Eine konsequente Erfolgskontrolle sollte eigentlich selbstverständlich sein, genau wie die Controllingabteilung in einem Unternehmen. Dieses Thema, darf nicht als Strategie, sondern sollte man vielmehr als Teil <u>jeder</u> Strategie betrachten.
Aber Hand aufs Herz, wer macht das schon wirklich? In der Regel, wissen wir schon nach einem Jahr nicht einmal mehr exakt, wie viel „Spielgeld" wir auf unser Wettkonto überwiesen haben.
Die meisten Fußballwetter kontrollieren ihren Erfolg, wenn überhaupt, lediglich über den Kontostand. Aber was sagt uns der?

Nun, grundsätzlich sagt er uns, wie viel Geld wir noch auf unserem Konto verfügbar haben. Nähert sich der Kontostand langsam dem Nullpunkt, dann sagt mir das auch noch, dass ich mir wieder Gründe einfallen lassen muss, wie ich die nächste Überweisung gegenüber meiner Frau argumentiere.

Ansonsten sagt uns der Kontostand wenig über den tatsächlichen Erfolg einer Strategie. Im Grunde ist es wie in einem Unternehmen, dass ohne Controlling arbeitet. Bei wenigen Wetten und etwas Erfahrung funktioniert es auch noch ohne.

Wer aber professioneller an die Sache ran gehen will, und seine Strategien überprüfen und verfeinern will, der wird systematisch vorgehen.

Grundsätzlich können wir 2 großen Irrtümern unterliegen:

1. Scheingewinnirrtum: Meine Strategie ist eigentlich erfolglos und ich mache trotzdem Gewinne. Kann passieren, wenn sich der Markt (Glück gehabt!) positiv aus dem Gesamttrend bewegt. Nach anfänglichem (Schein-) Erfolg hält man an der Strategie fest und verliert.
2. Scheinverlustirrtum: Ich mache Verluste, obwohl die Strategie eigentlich erfolgreich wäre (siehe auch Beispiel). Dieser Irrtum ist mindestens so fatal, weil man vielleicht sogar eine erfolgreiche Strategie verwirft.

 Anwendungsbeispiel

In einem der vorangegangenen Kapitel habe ich die Strategie »mehr als 2.5 Tore« besprochen. Hier möchte ich nun meine Erfolgstabelle zeigen, die ich für diese Strategie mit Excel erstelle.

Sie erinnern sich, diese Strategie zielt darauf ab, die Partien herauszufiltern, die am wahrscheinlichsten mit mehr als 2,5 Toren enden werden.

Ich benötige für meine Strategieüberprüfung drei Kennzahlen, die mir Aufschluss geben sollen, ob ich mit meiner Auswahlstrategie erfolgreicher bin als der Gesamtmarkt. Ich gehe also davon aus, dass meine Strategie besser ist, als wenn ich nach dem Zufallsprinzip auf Spiele gesetzt hätte.

1. *Eigene Erfolgsquote;* Meine ausgewählten Wetten, für einen bestimmten Zeitabschnitt

2. *Vergleichsmarkt für den Zeitabschnitt.* Entspricht letztlich einer Zufallsstichprobe. In meinem Fall nehme ich alle Spiele.

3. *Kennzahl für den Gesamtmarkt.* Bezieht sich über eine gesamte Saison oder die aktuelle Saison und dient für die

Wenn wir uns nun die Erfolgstabelle ansehen die unten abgebildet ist, dann kann man sie folgendermaßen interpretieren.

Die 22. Spielrunde der Bundesliga (siehe in der Spalte unter Runde), enthielt 9 Partien. Davon endeten 4 Spiele mit »mehr als 2.5 Toren«. Daraus hatte ich mich für 4 Partien (Spalte Spiele) entschieden von denen tatsächlich 2 Spiele mit mehr als 2,5 Toren endete.

In dieser Runde war meine Quote mit 2.0 knapp besser als die des gesamten Marktes.

Abb.: Beispiel Erfolgstabelle für „mehr als 2.5 Tore"

	Alle Spiele			Gewettete Spiele		
Runde	Allge Spiele	mehr 2,5	Quote	Spiele	mehr 2,5	Meine Quote
22	9	4	2,25	4	2	2,00
23	9	7	1,29	5	4	1,25
24	9	6	1,50	4	3	1,33
25	9	2	4,50	3	1	3,00
26	9	1	9,00	3	1	3,00
27	9	3	3,00	5	2	2,50
28	9	6	1,50	3	3	1,00
29	9	6	1,50	4	2	2,00
30	9	4	2,25	2	2	1,00
31	9	4	2,25	3	1	3,00
	Allgemeine Quote		2,90	Meine Quote		2,01

Dieses Beispiel ist aber gerade deshalb sehr anschaulich, da es in Euro gerechnet zu einem kleinen Verlust gekommen ist, da ich keine durchschnittliche Quote von über 2.01 erreicht hatte. Sie erinnern sich vielleicht, die Ligaquote für das Spieljahr 2006/7 liegt mit 1.97 knapp unter meinem Wert. Die 10 Wochen die hier dargestellt sind liegen deutlich über diesem Wert. Normal wird mindestens jedes zweite Spiel mit „mehr als 2.5 Toren" gespielt. In diesem Zeitabschnitt lag der Durchschnitt wesentlich höher bei 2.90.

Dank meiner Strategie war es mir zwar gelungen, den Verlust gering zu halten. Hätte ich aber nur auf den Kontostand geschaut, dann hätte ich die Strategie höchst wahrscheinlich fallen lassen, weil sich nach über 2 Monaten immer noch kein Gewinn eingestellt hätte.

So war klar, die Strategie funktioniert! Man muss nur warten, bis sich der Markt wieder „normalisiert" und der Pendel in die andere, für mich als Spieler günstige Richtung ausschlägt.

Für Einsteiger - Kleines Wettlexikon

Buchmacher ist ursprünglich eine Person, die Wetten zu bestimmten Quoten anbietet und annimmt. Heute meint man damit ein Wettbüro.

Doppelte Chance wird eine Wette bezeichnet, bei der Sie zwei von 3 Antwortmöglichkeit abdecken. Man kann sowohl <u>Sieg + Unentschieden</u> oder <u>Sieg + Sieg</u> mit geringeren Quoten abdecken.

Dreiweg-Wetten bieten 3 Antwortalternativen wie 1, 0 oder 2 - Sieg der Heimmannschaft, Remis oder Gewinn der Auswärtsmannschaft.

Ergebniswetten sind Wetten, bei denen man das genaue Ergebnis oder auch Halbzeitergebnis (z.B. 3:1 für Leverkusen) eines Spieles vorhersagt. In der Regel winken hohe Quoten. Wie der Name Handicap schon sagt, bekommt der Wetter ein Handicap und erhält dafür eine bessere Gewinnquote.

Handicap bedeutet, dass die „Favoritenmannschaft", oder bei Livewetten die führende Mannschaft, ein fiktives Tor zugerechnet bekommt, um höhere Quoten zu erhalten.

Kombiwetten ist das verknüpfen mehrerer Einzelwetten zu einer einzigen Wette. Dabei werden die Quoten der Einzelwetten multipliziert. Bei einer Kombiwette müssen alle Einzelwetten richtig sein um zu gewinnen. Ist einer der Tipps falsch, ist die ganze Wette verloren.

Lay(en) ist das platzieren oder anbieten einer Wette bei Wettbörsen im Sinne eines Buchmachers

Livewetten sind Wetten die angeboten werden, während das Spiel schon läuft. Man kann auf unterschiedlichste Ereignisse tippen, sogar Rote Karte, Elfmeter u.a.

Surebet ist eine Wette, bei der man als Tipper nur gewinnen kann. Etwa durch unterschiedliche Quoten bei 2 oder mehreren Anbietern.

Quotenfixer nennt man Professionalisten, die die Quoten (-höhe) für die Wetten festlegen.

Quoten geben Auskunft über die Höhe des möglichen Wettgewinns. Sie drücken indirekt auch die Wahrscheinlichkeit aus, mit der ein Ereignis eintritt. In Europa werden die Wettquoten in Dezimalzahlen angegeben. Aus einer Quote von 3.0 kann man erkennen, dass dieses Ereignis ungefähr jedes dritte mal eintritt. Je niedriger die Quoten sind, um so wahrscheinlicher wird das Ereignis eintreten.

Zweiweg-Wetten bieten nur zwei Tippalternativen. Es gibt keine anderen Alternativen wie Unentschieden. Z.B.: Tennissieger, u.a.